AF145660

BEI GRIN MACHT SICH IHR WISSEN BEZAHLT

- Wir veröffentlichen Ihre Hausarbeit,
  Bachelor- und Masterarbeit

- Ihr eigenes eBook und Buch -
  weltweit in allen wichtigen Shops

- Verdienen Sie an jedem Verkauf

Jetzt bei www.GRIN.com hochladen und kostenlos publizieren

Bibliografische Information der Deutschen Nationalbibliothek:

Die Deutsche Bibliothek verzeichnet diese Publikation in der Deutschen National-
bibliografie; detaillierte bibliografische Daten sind im Internet über http://dnb.d-
nb.de/ abrufbar.

Dieses Werk sowie alle darin enthaltenen einzelnen Beiträge und Abbildungen
sind urheberrechtlich geschützt. Jede Verwertung, die nicht ausdrücklich vom
Urheberrechtsschutz zugelassen ist, bedarf der vorherigen Zustimmung des Verla-
ges. Das gilt insbesondere für Vervielfältigungen, Bearbeitungen, Übersetzungen,
Mikroverfilmungen, Auswertungen durch Datenbanken und für die Einspeicherung
und Verarbeitung in elektronische Systeme. Alle Rechte, auch die des auszugsweisen
Nachdrucks, der fotomechanischen Wiedergabe (einschließlich Mikrokopie) sowie
der Auswertung durch Datenbanken oder ähnliche Einrichtungen, vorbehalten.

Impressum:

Copyright © 2015 GRIN Verlag, Open Publishing GmbH
Druck und Bindung: Books on Demand GmbH, Norderstedt Germany
ISBN: 9783668596689

Dieses Buch bei GRIN:

https://www.grin.com/document/384322

Monika Maier

Gruppentraining. Phasenverlauf und Planung einer Wirbelsäulengymnastik

GRIN Verlag

GRIN - Your knowledge has value

Der GRIN Verlag publiziert seit 1998 wissenschaftliche Arbeiten von Studenten, Hochschullehrern und anderen Akademikern als eBook und gedrucktes Buch. Die Verlagswebsite www.grin.com ist die ideale Plattform zur Veröffentlichung von Hausarbeiten, Abschlussarbeiten, wissenschaftlichen Aufsätzen, Dissertationen und Fachbüchern.

Besuchen Sie uns im Internet:

http://www.grin.com/

http://www.facebook.com/grincom

http://www.twitter.com/grin_com

Deutsche Hochschule für

Prävention und Gesundheitsmanagement

Hermann Neuberger Sportschule 3

66123 Saarbrücken

Einsendeaufgabe

Fachmodul: Gruppentraining 1

Studiengang: Fitnessökonomie

Datum
Präsenzphase   **12.10.2015-15.10.2015**

Name, Vorname: Maier, Monika

Studienort: **München**

Semester: **Sommersemester 2015**

Inhaltsverzeichnis

1 Optimaler Phasenverlauf einer Kurseinheit

Um einen optimalen Verlauf einer Kurseinheit im Gruppentraining zu gewährleisten, wird die allgemein anerkannte Drei-Phaseneinteilung verwendet. Die Kurseinheit unterliegt der Grobeinteilung in Einleitung, Hauptteil und Schluss. Einleitung und Schluss entsprechen jeweils 1/5 der Gesamtzeit der Kursstunde. Der Hauptteil hat somit eine Dauer von 3/5 der Kurseinheit. Jeder dieser drei Phasen muss die gleiche Aufmerksamkeit geschenkt werden, um einen effizienten Trainingsreiz setzen zu können (Reiß & Eifler, 2015, S.61).

Diese drei Phasen werden nochmals in einzelne Phasen unterteilt.

Die Einleitung beginnt mit der Begrüßung. Der Gruppentrainer stellt sich bei seinen Kursteilnehmern vor, nennt Schwerpunkte der Stunde, gibt Hinweise und weist gegebenenfalls neue Teilnehmer ein. Nun folgt der erste praktische Teil – das allgemeine Erwärmen. Ziel ist es sowohl Körper, als auch Geist, vom Alltag zum bevorstehenden Training überzuführen. Das Herz-Kreislauf-System wird angeregt, die Körpertemperatur erhöht, Gelenke werden mobilisiert. Die letzte Phase der Einleitung ist die spezielle Erwärmung. Hier wird gezielt auf die Vorbereitung der Muskelgruppen eingegangen, die im Hauptteil beansprucht werden. Auch die Vorbereitung auf bevorstehende Bewegungsabläufe, sowie ggf. das Bekanntmachen mit den Trainingsgeräten und ein sogenanntes „Pre-Streching" (Vordehnen), wird hier berücksichtigt (Reiß & Eifler, 2015, S.62-63).

Der Hauptteil bezieht sich auf den Schwerpunkt der Kurseinheit und der Höhepunkt der Intensität wird erreicht. Es gibt verschiedene Kursarten – kraftorientierte, ausdauerorientierte und gesundheitsorientierte Kurse. Je nach Kursart lassen sich auch die Ziele des jeweiligen Hauptteils unterscheiden.

Beim kraftorientierten Kurs werden Haltungsbesserung, bessere Kraftausdauer, erhöhter Kalorienverbrauch und somit auch Figurformung erzielt. Dies geschieht hauptsächlich durch eine dynamische, aber auch statische, Übungsausführung, bei der auch Geräte, wie Fitball oder Thera-Band, benutzt werden, um den Schwierigkeitsgrad variieren zu können. Verbesserung der Ausdauerfähigkeit, Erhöhung des Kalorienverbrauchs und Reduktion des Körpergewichts sind Ziele eines ausdauerorientierten Kurses, bei dem mit aneinandergereihten Schritten, oder auch ganzen Choreographien, gearbeitet wird. Gesundheitsorientierte Kurse haben verschiedene Zielsetzungen. Zum einen die Verbesserung der Haltung und Beweglichkeit, aber auch die Entspannungsfähigkeit kann erhöht werden (Reiß & Eifler, 2015, S.63-64).

Der Schluss wird eingeleitet von Cool-down I, geht über in Cool-down II und beendet die Kursstunde mit der Verabschiedung.

Mittels kleinerer Bewegungsamplituden, geringerem Ausführungstempo und eher lockerer Ausführung lassen sich die Ziele Körpertemperatursenkung und Senkung des Pulses auf <120 Schläge/Minute im Cool-down I erreichen. Die Tätigkeit des Herz-Kreislauf-Systems soll auf das Anfangsniveau gebraucht werden. Im Cool-down II kommt es zur Lockerung, Dehnung und Entspannung der Muskulatur. Dies soll auch dazu beitragen, dass die Kursteilnehmer eine mentale Ruhe erreichen. Die letzten Übungen werden allerdings immer im Stand ausgeführt, um sicherzustellen, dass keiner der Teilnehmer Kreislaufprobleme hat. Zu allerletzt verabschiedet sich der Gruppentrainer von den Teilnehmern, kann etwas zum Stundenverlauf sagen, Anregungen entgegennehmen, Feedback geben und auf Angebote des Studios hinweisen (Reiß & Eifler, 2015, S.64-65).

2 Besuch einer Kursstunde

2.1 Phasenverlauf des besuchten Kurses

2.1.1 Einleitung

Tab.1: Einleitung (eigene Darstellung)

Optimaler Phasenverlauf	Tatsächlicher Phasenverlauf
Dauer: 12 Minuten	Dauer: 11 Minuten
Begrüßung:	
- persönliche Vorstellung - Nennung des Stunden-Schwerpunkts - technische Hinweise geben - Einweisung von neuen Teilnehmern - motivierende Worte (Reiß & Eifler, 2015, S.62)	- Trainerin hat sich namentlich vorgestellt - Nennung des Schwerpunkts (Bauch, Beine, Po) - neue Teilnehmer wurden nach vorne gebeten - „Schön, dass ihr da seid. Dann legen wir mal los und viel Spaß!"
Allgemeine Erwärmung:	
- Übergang vom Alltag zum Training herstellen - Erhöhung der psychovegetativen Leistungsbereitschaft - Vorbereitung des Herz-Kreislauf-System auf folgende Belastung - Erhöhung der Körpertemperatur - Anregung des Stoffwechsels um Produktion von Gelenkflüssigkeit zu erhöhen (Verletzungsgefahr vermindern) (Reiß & Eifler, 2015, S.62-63)	- marschieren im Stand - Bewegungsamplitude wurden mit der Zeit vergrößert (marschieren im Stand – breit marschieren) - Gelenkmobilisation (Arme kreisen, Kniebeugeschritt) - dynamische Übungen, um Körpertemperatur zu steigern und Herz-Kreislauf-System vorzubereiten
Spezielle Erwärmung:	
- Vorbereitung der Muskelgruppen, die im Hauptteil beansprucht werden - Vorbereitung für die im Hauptteil geplanten Bewegungsabläufe - Gewöhnung an Trainingsgeräte (Reiß & Eifler, 2015, S.63)	- es wurden hauptsächlich Beine, Po und Bauch dynamisch auf den Hauptteil vorbereitet - Übungen des Hauptteils konnten auch im speziellen Erwärmen wieder gefunden werden z.B.: tiefe, breite Kniebeuge, auf die Zehenspitzen stellen, Fersen anheben und wieder absenken - eine Gewöhnung an Trainingsgeräte war nicht nötig, da nur eine Gymnastikmatte verwendet wurde
Analyse:	
Mit der Dauer von 11 Minuten hat die Trainerin den zeitlichen Rahmen sehr gut eingehalten. Die einzelnen Übungen waren gut auf den Schwerpunkt der Stunde abgestimmt. Auch die Reihenfolge war sehr flüssig machbar. Zwischendurch, zum Beispiel nach der allgemeinen Erwärmung, hat die Trainerin darauf hingewiesen, dass ein guter Zeitpunkt zum Trinken ist, was ich sehr positiv fand.	

2.1.2 Hauptteil

Tab.2: Hauptteil (eigene Darstellung)

Optimaler Phasenverlauf	Tatsächlicher Phasenverlauf
Dauer: 36 Minuten	Dauer: 42 Minuten
Kraftorientierter Kurs:	
Allgemeine Ziele: - Höhepunkt der Intensität der Kursstunde - Einhalten von Trainingsprinzipien (von kleinen zu großen Bewegungen, vom Leichten zum Komplexen, zum Bekannten zum Unbekannten) spezielle Ziele: - Verbesserung der Kraftausdauer - Erhöhung des Kalorienverbrauchs - Verbesserung der Haltung - Figurformung (Reiß & Eifler, 2015, S.63-64)	- Trainingsprinzipien wurden eingehalten - von einer kleinen Bewegungsamplitude zu einer größeren/großen - erst Übungen, die aus dem Warm-Up schon bekannt waren, dann Erweiterung der Übung und unbekannte Übungen; zum Beispiel: breite Kniebeuge – aus Warm-Up bekannt, Bewegung wurde nach unten erweitert (Gesäß tiefer); im Warm-Up dynamisch; im Hauptteil teilweise statisch - durch die Übungen und die Beanspruchung der Muskeln wurden der Stoffwechsel angeregt, Kalorien verbraucht und die Kraftausdauer trainiert; beanspruchte Muskulatur wurde gekräftigt, was bei regelmäßigem Training zur Haltungsbesserung und Figurformung führt
Analyse: Im Hauptteil hat die Trainerin, durch Steigerung des Bewegungsausmaßes und der Anstrengung, die Intensität bis zum Höhepunkt des Kurses gebracht. Alle Trainingsprinzipien wurden eingehalten. Sie hat zum Beispiel mit einer Bewegung begonnen, die aus dem Warm-Up bekannt war, hat dann eine unbekannte Übung aufgenommen und die beiden dann miteinander kombiniert. Somit hat sie vom Bekannten zum Unbekannten und vom Leichten zum Komplexen gesteigert. Die Übungsübergänge waren zwar durchdacht, allerdings hat sie die eigentliche Dauer von 36 Minuten um 6 Minuten überschritten. Das hatte dann zur Folge, dass der Schlussteil viel zu kurz ausgefallen ist.	

2.1.3 Schluss

Tab.3: Schluss (eigene Darstellung)

Optimaler Phasenverlauf	Tatsächlicher Phasenverlauf
Dauer: 12 Minuten	Dauer: Dauer: 7 Minuten
Cool-down I:	
- Herz-Kreislauf-Tätigkeit auf das Ausgangsniveau zurückbringen - Pulssenkung (<120 Schläge pro Minute) - Senkung der Körpertemperatur - Verkleinerung des Bewegungsradius - Verminderung des Bewegungstempos (Reiß & Eifler, 2015, S.64-65)	- fand nicht statt
Cool-down II:	
- Muskulatur lockern, dehnen, entspannen - Teilnehmer mental beruhigen - Übergang zum Stand, da letzte Übung im Stand ausgeführt wird (Reiß & Eifler, 2015, S.65)	- es wurden ein paar Dehn- und Entspannungsübungen gemacht (zum Beispiel: auf die Knie setzen, Oberkörper nach vorne ablegen, Arme als Verlängerung des Körpers von sich strecken und langziehen; in Grätsche auf die Gymnastikmatte setzen und mit geradem Rücken nach vorne lehnen) - letzte Übung fand im Stehen statt (Arme

Optimaler Phasenverlauf	Tatsächlicher Phasenverlauf
Cool-down II:	
	nach oben strecken und nochmal ganz lang machen)
Verabschiedung:	
- offizielle Verabschiedung von den Teilnehmern - Kommentar zum Stundenverlauf - Feedback an die Teilnehmer - Anregungen entgegennehmen - Hinweise auf Aktivitäten des Studios (Reiß & Eifler, 2015, S.65)	- Trainerin hat sich bei allen für die gut Teilnahme bedankt und gesagt, dass alle sehr gut mitgemacht haben und sie hofft, dass es allen gefallen hat - es gab noch Hinweise, dass bald eine neue Trainerin kommt, die auch Bauch-Beine-Po durchführt und man da gerne hinschauen und mitmachen kann
Analyse: Die für den Cool-down eingeplante Zeit hätte länger ausfallen müssen, da es wichtig ist den Puls wieder zu senken um eine optimale Regeneration zu schaffen. Durch den verkürzten Schluss, bzw. den verlängerten Hauptteil, ist dies nicht gegeben. Phase eins des Cool-down wurde komplett weggelassen. Es wurden lediglich ein paar vereinzelte Dehn- und Entspannungsübungen ausgeübt. Diese haben die Muskelgruppen angesprochen, die im Hauptteil hauptsächlich beansprucht wurden. Die Dauer von 7 Minuten hätte sie etwas sinnvoller einteilen können, indem sie mit Übungen beginnt, die für das Cool-down I geeignet sind (zum Beispiel Marschieren oder Side-to-Side), um dem optimalen Phasenverlauf näher zu kommen. Verabschiedet hat sie sich sehr freundlich.	

2.2 Sportmotorische Fähigkeiten im Kurs

Hauptsächlich angesprochene sportmotorische Fähigkeiten im besuchten Kurs:

Tab.4: Sportmotorische Fähigkeiten (eigene Darstellung)

Motorische Fähigkeit:	Definition:	Übungen aus dem Kurs:	Begründung:
Kraft	„Kraftfähigkeit ist die konditionelle Basis für Muskelleistungen mit Krafteinsätzen, deren Wert über 30 Prozent der jeweils individuell realisierbaren Maxima liegen" (Reiß & Eifler, 2015, S.20, zitiert nach Martin, Carl & Lehnertz, 1993, S.102). Kraft ist ein wichtiger Bestandteil der gesamten motorischen Fähigkeit. Um überhaupt Bewegungen durchführen zu können benötigt es Muskelkraft. Sie ist aber auch für eine stabile und gesunde Haltung wichtig. Durch Kraftsteigerung wird sowohl eine bessere Haltung, als auch eine höhere Belastungsfähigkeit für den Alltag erreicht. Beschwerden, die auf muskuläre Defizite zurückzuführen sind, können gemindert oder gar beseitigt werden. (Reiß & Eifler, 2015, S.20)	(1) Stand auf dem linken Bein, rechtes Bein wird gebeugt nach vorne angehoben und nach außen rotiert, linke Hand in die Hüfte stützen, rechten Arm zur Seite strecken und Ellbogen beugen, sodass die Fingerspitzen nach oben schauen; Lateralflexion nach rechts – rechten Ellbogen und rechtes Knie seitlich zusammenführen, dynamisch, bei Kontraktion 3 Sekunden halten; Seitenwechsel	(1) rumpfkräftigende Übung → Erhöhung der Belastungsfähigkeit im Alltag (zum Beispiel bei langem Sitzen oder Stehen) → Stabilisation der Haltung des Rumpfes → Linderung von möglichen Rückenbeschwerden (2) kräftigt Oberschenkelrückseite, Gesäßmuskulatur, Bauchspannung für stabile Position wichtig → Erhöhung der Belastungsfähigkeit im Alltag (zum Beispiel bei langem Stehen oder Gehen, da Beinmuskulatur gekräftigt wird)

Motorische Fähigkeit:	Definition:	Übungen aus dem Kurs:	Begründung:
Kraft	Sportmotorisch betrachtet ist Kraft die Fähigkeit des Nerv-Muskel-Systems und unterscheidet sich in drei Kontraktions- bzw. Arbeitsformen: → konzentrische Arbeit → exzentrische Arbeit → statische Arbeit Dies ist wichtig für die Planung und Zielsetzung eines Trainings (Reiß & Eifler, 2015, S.21, zitiert nach Bös & Mechling, 1983, S. 123 f.).	(2) breite, tiefe Kniebeuge, erst dynamisch, dann statisch	→ wichtige Hilfsmuskulatur für gesunden Rücken, Rumpfentlastung → Stabilisiert Rücken von unten (durch Gesäßmuskulatur) und von vorne (durch Bauchspannung)
Beweglichkeit	„Beweglichkeit ist die Fähigkeit, Bewegungen willkürlich und gezielt mit der erforderlichen bzw. optimalen Schwingungsweite der beteiligten Gelenke ausführen zu können" (Reiß & Eifler, 2015, S.27, zitiert nach Martin et al., 1993, S.214) Beweglichkeit ist abhängig von verschiedenen Einflussfaktoren → anthropometrische Einflussfaktoren (Gelenkigkeit, Dehnfähigkeit, Kraftfähigkeit) (Reiß & Eifler, 2015, S.27, zitiert nach Albrecht, 1999, S.15 ff.) → personenspezifische Einflussfaktoren (Alter, Geschlecht, Psyche, Gelenkabnutzung) → äußere Einflussfaktoren (Temperatur, Tageszeit, Ermüdungsgrad der Muskulatur) (Reiß & Eifler, 2015, S.27-28) Beweglichkeitstraining ist wichtig für: → arthromuskuläres Gleichgewicht → Ausgleich muskulärer Dysbalancen → Haltungsbesserung → Belastbarkeitserhöhung des Gelenkapparats, der Muskeln und Sehnen → Verringerung des Muskeltonus und somit auch des Muskelspannungsschmerzes → Erhöhung der Regenerationsfähigkeit nach sportlicher Belastungen (Reiß & Eifler, 2015, S.29)	(1) Beine in Grätsche öffnen, Knie gestreckt, Oberkörper mit geradem Rücken nach vorne neigen, sodass an den Oberschenkelrückseiten eine Dehnung zu spüren ist, Übung statisch ausführen (2) etwas weiter als hüftbreiter Stand, rechte Hand in die Hüfte gestützt, Seitbeugung nach rechts, linken Arm über den Kopf ziehen, Seitenwechsel, Übung statisch ausführen	(1) Dehnfähigkeit muss trainiert werden, da sie ein wichtiger Bestandteil der Beweglichkeit ist und diese beeinflusst. → Oberschenkelrückseite wird gedehnt, Beweglichkeit im Kniegelenk wird bei regelmäßigem Training beeinflusst und positiv verändert (allerdings nicht über die natürliche Weite der Gelenksbewegung hinaus) (2) Dehnfähigkeit muss trainiert werden, da sie ein wichtiger Bestandteil der Beweglichkeit ist und diese beeinflusst. → seitliche, gestreckte Rumpfmuskulatur wird gedehnt (gebeugte Seite gekräftigt), was zu mehr Stabilität im Rumpfbereich führt und somit eine Haltungsbesserung zur Folge hat → muskuläre Dysbalancen werden ausgeglichen, da beide Seiten sowohl gedehnt, als auch gekräftigt werden → durch statisches Dehnen wird der Muskeltonus und der Muskelspannungsschmerz mit der Zeit verringert

2.3 Betrachtung des Kursleiterverhaltens

Ein Gruppentrainer muss gewisse Funktionen erfüllen, da er einen entscheidenden Beitrag zum Erfolg seines Betriebes beiträgt. Diese Funktionen sind Lehrer, Dienstleister, Vorbild, Animateur und Teammitglied. In der folgenden Tabelle wird das Kursleiterverhalten des besuchten Kurses analysiert, indem jeweils drei Aufgaben pro Funktion in deren Umsetzung geprüft werden. Die Funktion des Teammitgliedes kann hier außer Acht gelassen werden. (Reiß & Eifler, 2015, S.86-87)

Tab.5: Betrachtung des Kursleiterverhaltens (eigene Darstellung)

Funktion	Aufgaben	Umsetzung der Aufgaben
Lehrer	1. Übungen begründen, vormachen, erklären und ggf. korrigieren 2. genaue Vorbereitung 3. auf Fragen vorbereitet sein (Reiß & Eifler, 2015, S.87)	1. Alle Übungen wurden richtig vorgemacht und erklärt. Sie hat bei allen Übungen die angesprochene Muskulatur genannt und während der Übung teilweise korrigiert 2. Vorbereitung war nicht optimal, was daran zu erkennen war, dass der Hauptteil zu lang und daher der Schluss zu kurz war; ein Teil des Schlusses wurde sogar komplett weggelassen 3. war auf Fragen gut vorbereitet
Dienstleister	1. Pünktlichkeit 2. stets als Ansprechpartner zur Verfügung stehen 3. Integration neuer Teilnehmer (Reiß & Eifler, 2015, S.87)	1. 10 Minuten vor Kursbeginn war sie im Kursraum 2. war sowohl vor, während, als auch nach dem Kurs gut ansprechbar und nahbar. 3. hat den neuen Kursteilnehmern gleich zu Beginn der Stunde angeboten ganz nach vorne zu kommen
Vorbild	1. fitnessorientierte Kleidung 2. gepflegtes Äußeres 3. gute körperliche Haltung (Reiß & Eifler, 2015, S.87)	1. Kleidung war dem Kurs angemessen 2. hatte gepflegtes Äußeres, keine dreckigen Hände, dezent geschminkt, Haare zu einem Zopf gebunden 3. Körperhaltung war stets sehr vorbildlich; vor dem Kurs, während dem Kurs und nach dem Kurs
Animateur	1. Ausstrahlung 2. Alltagssorgen in den Hintergrund stellen 3. Kursteilnehmer motivieren (Reiß & Eifler, 2015, S.87)	1. hatte eine sehr positive Ausstrahlung, die Spaß und Motivation vermittelt hat 2. war stets präsent, voll und ganz anwesend 3. hat stets neu motiviert, wenn es sehr anstrengend wurde und die Teilnehmer aufgeben wollten (z.B.: „Nur noch fünf Sekunden – das packt ihr!")

3 Externe Bedingungen

Gut geplante externe Bedingungen sind sehr wichtig für ein qualitativ hochwertiges Kursangebot und können verschiedene Auswirkungen haben. Zu den externen Bedingungen zählen die Rahmenbedingung (z.B.: Ausstattung und Räumlichkeiten), die Zielgruppe (z.B.: Gruppengröße und Leistungslevel) und die Zielsetzung (z.B.: langfristige/allgemeine Ziele und kurzfristige/spezielle Ziele) (Reiß & Eifler, 2015, S.66-67).

Werden vor der Kursplanung die Räumlichkeiten nicht berücksichtigt, kann es zu Komplikationen kommen. Die Kursinhalte müssen darauf abgestimmt sein, zum Beispiel indem mehrere Wände verspiegelt sind, damit man sich selbst sehen kann. Vor dem Kurs muss außerdem geklärt sein, welche Kleingeräte und Hilfsmittel benötigt werden und wie viele davon, da es sonst passieren kann, dass nicht genügend Gerätschaften vorhanden sind und der Kursleiter sehr flexibel reagieren muss (Reiß & Eifler, 2015, S.66). Bei der Zielgruppe sollte das Leistungslevel beachtet werden – zum Beispiel Einsteiger oder Fortgeschrittene. Gibt es keine Vorgabe wird es schwierig den Kurs flexibel an alle verschiedenen Levels anzupassen. Außerdem wären einige Mitglieder entweder unter- oder überfordert und würden den Kurs wohl nur ungern noch einmal besuchen. Die Größe der Gruppe spielt auch eine Rolle, da der Raum und die Geräte an den Kurs angepasst sein sollen. Wenn also ein Kurs stattfindet, bei dem die Korrektheit der Ausführung im Vordergrund steht, ist es sinnvoll die Teilnehmerzahl auf eine kleine Gruppe zu beschränken (Reiß & Eifler, 2015, S.66-67). Bei der Zielsetzung unterscheidet man zwischen langfristigen (allgemeinen) Zielen – Kraft, Ausdauer, Beweglichkeit, Koordination – und kurzfristigen (speziellen) Zielen – Schrittfolge, Choreographie. Die allgemeinen Ziele können nur bei mehrmaligem oder langfristigem Kursbesuch erreicht werden, wohingegen die speziellen Ziele oftmals schon in einer Kursstunde zu erreichen sind. Es ist wichtig die Ziele festzulegen, damit die Mitglieder die Möglichkeit haben, sich für den richtigen Kurs zu entscheiden und ihre persönlichen Ziele erreichen zu können.

4 Planung einer Wirbelsäulengymnastik

4.1 Zielgruppe

Tab.6: Zielgruppe (eigene Darstellung)

Gruppengröße	< 25 Teilnehmer
Alter	Ohne Vorgabe
Geschlecht	weiblich und männlich
Leistungslevel	Einsteiger
Vorkenntnisse	keine

4.2 Ziele der Wirbelsäulengymnastik

Tab.7: Ziele der Wirbelsäulengymnastik (eigene Darstellung)

Allgemeine Ziele der Wirbelsäulengymnastik	Spezielle Ziele der Wirbelsäulengymnastik
- Prävention - Verbesserung der Körperwahrnehmung - Ausgleich von muskulären Dysbalancen - Steigerung der physischen und psychischen Entspannungsfähigkeit - Mobilisation, Dehnung und Kräftigung - Haltungsschulung (Reiß & Eifler, 2015, S.121, zitiert nach Buskies & Demski, 2003, S. 128)	- Stabilisation der Wirbelsäule bzw. des gesamten Rumpfes - Alltagsausgleich

4.3 Material

Da es sich hierbei um einen Einsteigerkurs handelt, werden nur Gymnastikmatte und Handtuch benötigt.

4.4 Stundenplanung

4.4.1 Einleitung(2)

Tab.8: Begrüßung und allgemeines Warm-Up (eigene Darstellung)

Begrüßung (1 Minute)
Ziel: sich der Gruppe vorstellen, den Schwerpunkt der Stunde (Rumpfstabilisierung) nennen, den Hinweis geben, dass die Teilnehmer alle eine Gymnastikmatte benötigen, neue Kursteilnehmer dürfen gerne nach vorne

Allgemeines Warm-Up (4 Minuten)

Ziele der Übungen	Übungsbe-zeichnung/Name der Übung	Übungsbeschreibung	Belastungsge-füge	Bemerkungen/Hinweise
Übergang vom Alltag zum Training, Blutzirkulation erhöhen und somit Sauerstoffversorgung verbessern, Körpertemperatur erhöhen, Stoffwechsel anregen → Produktion von Gelenkflüssigkeit wird erhöht und Verletzungsgefahr gemindert, Einhalten von Trainingsprinzipien → von kleinen Bewegungen zu großen → vom Leichten zum Komplexen → vom Bekannten zum Unbekannten (Reiß & Eifler, 2015, S.62-63)	Auf der Stelle marschieren	Auf der Stelle marschieren, Beine abwechselnd anheben	30 Sekunden	Arme locker mitnehmen
	Auf der Stelle marschieren, Knie mehr anheben	Auf der Stelle marschieren, Beine abwechselnd anheben	30 Sekunden	Arme aktiv mitnehmen, Knie so hoch wie möglich heben
	Auf der Stelle breit marschieren	In breiter Beinstellung marschieren	30 Sekunden	Arme mitnehmen
	Side-to-Side	Breite Beinposition, Knie leicht gebeugt, Gewicht auf ein Bein verlagern, mit den Zehenspitzen des anderen Beines auf den Boden tippen, dann Seitenwechsel	30 Sekunden	Zwischen den Seitenwechseln in die Mitte kehren und eine leichte, breite Kniebeuge machen
	Side-to-Side, Arme mitschwingen	Breite Beinposition, Knie leicht gebeugt, Gewicht auf ein Bein verlagern, mit den Zehenspitzen des anderen Beines auf den Boden tippen, dann Seitenwechsel	30 Sekunden	Zwischen den Seitenwechseln in die Mitte kehren und eine leichte, breite Kniebeuge machen; Arme zum Standbein mitschwingen
	Side-to-Side tiefer gehen	Breite Beinposition, Knie leicht gebeugt, Gewicht auf ein Bein verlagern, mit den Zehenspitzen des anderen Beines auf den Boden tippen, dann Seitenwechsel	30 Sekunden	Zwischen den Seitenwechseln in die Mitte kehren und eine tiefe, breite Kniebeuge machen
	Kniebeuge	Breite Beinposition, Knie leicht gebeugt, etwas in die Hocke gehen (Knie > 90°)	45 Sekunden	Knie bei gebeugter Position hinter Zehenspitzen, Bauchspannung, Arme können zum Ausgleich nach vorne angehoben werden, immer leichte Beugung in den Knien
	Auf der Stelle Marschieren	Auf der Stelle marschieren, Beine abwechselnd anheben	15 Sekunden	Übergang zum speziellen Erwärmen

Tab.9: Spezielles Warm-Up (eigene Darstellung)

Spezielles Warm-Up (4 Minuten)				
Ziel der Übung	Übungsbezeichnung/Name der Übung	Übungsbeschreibung	Belastungsgefüge	Bemerkungen/Hinweise
Spezielle Vorbereitung der Muskelgruppen, die im Hauptteil hauptsächlich beansprucht werden, Bewegungsabläufe des Hauptteils vorbereiten	Streckung der Halswirbelsäule	Kopf langsam nach hinten strecken, nach vorne beugen	30 Sekunden	Kopf nur nach hinten strecken, beim Beugen Kinn Richtung Brustbein bewegen
	Schulterkreisen	Hüftbreiter Stand, leicht gebeugte Knie, Oberkörper aufrecht, Schultern kreisen	Je 10 Sekunden (= 60 Sekunden)	Erst rechts die Schulter nach hinten kreisen, dann links, dann beide Seiten gleichzeitig; Schultern nach dem gleichen Prinzip nach vorne kreisen (rechts, links, beide Seiten gleichzeitig)
	Armkreisen	Hüftbreiter Stand, leicht gebeugte Knie, Oberkörper aufrecht, Arme kreisen	Je 10 Sekunden (= 60 Sekunden)	Erst den rechten Arm nach hinten kreisen, dann den linken Arm, dann beide Arme im Wechsel nach hinten kreisen, anschließend Arme nach dem gleichen Prinzip nach vorne kreisen (rechts, links, abwechselnd)
	Beinkreisen	Stand auf einem Bein, leicht gebeugt, anderes Bein abwinkeln, Bewegung wie eine 8 machen, dann Seitenwechsel	Je 15 Sekunden (= 30 Sekunden)	Bei der Bewegung eine imaginäre große 8 vorstellen, die man mit dem Fuß nachfährt
	Side-to-Side	Breite Beinposition, Knie leicht gebeugt, Gewicht auf ein Bein verlagern, mit den Zehenspitzen des anderen Beines auf den Boden tippen, dann Seitenwechsel	30 Sekunden	Zwischen den Seitenwechseln in die Mitte kehren und eine leichte, breite Kniebeuge machen
	Side-to-Side mit Rumpfrotation	Breite Beinposition, Knie leicht gebeugt, Gewicht auf ein Bein verlagern, mit den Zehenspitzen des anderen Beines auf den Boden tippen, dann Seitenwechsel, Rumpf zur Seite des Standbeines mitrotieren	30 Sekunden	Zwischen den Seitenwechseln in die Mitte kehren und eine leichte, breite Kniebeuge machen, Arme seitlich im 90°-Winkel aufgestellt mit dem Rumpf mitnehmen

4.4.2 Hauptteil(2)

Tab.10: Hauptteil(2) (eigene Darstellung)

Hauptteil (27 Minuten)				
Ziel der Übung	Übungsbezeichnung/Name der Übung	Übungsbeschreibung	Belastungsgefüge	Bemerkungen/Hinweise
Kräftigung des oberen Rückens	Ballheber	Füße in einer Grätsche öffnen, Knie sind leicht gebeugt, Oberkörper nach vorne neigen, Brust raus, Arme gestreckt vor dem Körper anheben, Daumen zeigen nach oben	3x45 Sekunden statisch, jeweils 15 Sekunden Pause dazwischen, auch nach der Übung 15 Sekunden Pause (für den Übergang zur nächsten Übung)	Auf neutrale Rückenposition achten, unterer Rücken hat leichte Krümmung nach vorne, das ganze wird durch Anspannen des Bauches stabilisiert, Brustbein etwas heben, Schultern nach hinten unten ziehen, Kopf als Verlängerung der Wirbelsäule
Kräftigung des gesamten Rückens und Mobilisation der Wirbelsäule	Rücken einrollen im Stand	Hüftbreiter Stand, Knie leicht gebeugt, Oberkörper etwas nach vorne geneigt, Rücken strecken, Hände am Hinterkopf, Wirbelsäule soweit es geht strecken, langsam einrollen, Rücken rund	3x45 Sekunden dynamisch, jeweils 15 Sekunden Pause dazwischen, auch nach der Übung 15 Sekunden Pause (für den Übergang zur nächsten Übung)	Bauchspannung beibehalten, Daumen an den Schläfen, beim Einrollen Schambein und Stirn so nah wie möglich zueinander bewegen, Oberkörper bleibt immer leicht nach vorne geneigt
Mobilisation der Schulter und der Brustwirbelsäule	Schulterkreisen mit Rotation in der Brustwirbelsäule	Hüftbreiter Stand, Knie leicht gebeugt, rechten Arm gestreckt nach vorne heben, Oberkörper dreht sich mit der Brustwirbelsäule etwas nach rechts mit, dann den Arm nach hinten ziehen, Oberkörper wieder zur Mitte drehen, das ganze mit der linken Seite Wiederholen	3x45 Sekunden dynamisch, jeweils 15 Sekunden Pause dazwischen, auch nach der Übung 15 Sekunden Pause (für den Übergang zur nächsten Übung)	Beim Anheben des Armes einatmen, beim Senken ausatmen, Rotation nur in der Brustwirbelsäule, unterer Rücken bleibt fest, Kopf in Verlängerung der Wirbelsäule, Bauchspannung halten
Gleichgewicht üben, Schulen der intramuskulären Koordination	Flieger	Hüftbreiter Stand, Knie leicht gebeugt, Oberkörper ist nach vorne geneigt, Arme zur	4x45 Sekunden statisch bzw. jede Seite zwei mal, abwechselnd ohne Pause	Bauchspannung halten, gleichmäßig atmen, Kopf in Verlängerung der Wirbelsäule,

Ziel der Übung	Übungsbezeich-nung/Name der Übung	Übungsbeschrei-bung	Belastungsgefü-ge	Bemerkungen/Hinweise
		Seite strecken, das rechte Bein nach hinten führen und leicht anheben, Oberkörper und rechtes Bein auf eine Linie bringen, halten, Seitenwechsel	dazwischen	für besseres Gleichgewicht Punkt am Boden fixieren; Variation: Bein höher und Oberkörper tiefer für höheres Leistungslevel
Mobilisation und Stabilisation der Wirbelsäule	Rumpfrotator	Beine in Grätsche öffnen, Knie leicht gebeugt, Oberkörper nach vorne neigen, Schultern nach hinten unten ziehen, aus der Brustwirbelsäule nach rechts drehen, zur Mitte zurückkehren, dann aus der Brustwirbelsäule nach links drehen	3x45 Sekunden dynamisch, jeweils 15 Sekunden Pause dazwischen, auch nach der Übung 15 Sekunden Pause (für den Übergang zur nächsten Übung)	Bauchspannung halten, Hände an den Hinterkopf, Daumen auf die Schläfen, Lendenwirbelsäule und Becken bleiben stabil, bei der Drehung zur Seite einatmen und zur Mitte hin ausatmen; für die nächste Übung rückengerecht auf die Gymnastikmatte setzen
Kräftigung seitlicher und schräger Rumpfmuskulatur, Stabilisierung des unteren Rückens	Rumpfheber	Bauchlage liegend auf der Gymnastikmatte, Beine nach hinten weg strecken, Hände neben das Becken legen, Schultern nach hinten unten ziehen, Rumpf heben und zur Seite neigen, Schulter geht Richtung Hüfte, zur Mitte zurückkehren, Seite wechseln	3x45 Sekunden dynamisch, jeweils 15 Sekunden Pause dazwischen, auch nach der Übung 15 Sekunden Pause (für den Übergang zur nächsten Übung)	Po anspannen, Schambein in den Boden drücken, Handflächen zeigen zum Boden, zur Seite hin einatmen und zur Mitte hin ausatmen
Mobilisation der Wirbelgelenke und Stabilisation der Wirbelsäule von vorne (Kräftigung der Bauchmuskulatur)	Abrollen	Sitzen auf der Gymnastikmatte, Füße aufstellen, Rücken ist gerade, Finger ineinander verschließen, Arme nach vorne strecken, Rücken bewusst rund machen, langsam Wirbel für Wirbel nach hinten abrollen	3x45 Sekunden dynamisch, jeweils 15 Sekunden Pause dazwischen, auch nach der Übung 15 Sekunden Pause (für den Übergang zur nächsten Übung)	Füße bleiben immer fest am Boden, Bauch nach innen ziehen und fest anspannen

Ziel der Übung	Übungsbezeich-nung/Name der Übung	Übungsbeschrei-bung	Belastungsgefü-ge	Bemerkungen/Hi nweise
		bis man auch mit dem Kopf am Bo-den liegt, erst Kopf, dann Schul-tern leicht anhe-ben und Wirbel für Wirbel nach oben aufrollen		
Kräftigung von Beinbeugemus-kulatur, Gesäß und unterem Rücken zur Stabi-lisation der Wir-belsäule	Brücke	Rückenlage auf der Gymnastik-matte, Füße par-allel zueinander aufstellen, Hände neben Becken ablegen, Handflä-chen zum Boden, Schultern zum Boden drücken, Becken langsam anheben	3x45 Sekunden statisch halten, jeweils 15 Sekun-den Pause dazwi-schen	Po anspannen, Oberkörper und Oberschenkel bil-den eine Linie, gleichmäßig at-men, Bauch nach innen ziehen und Spannung halten; Variation: um das Leistungslevel zu steigern kann je Durchgang ein Bein vom Boden gelöst und ge-streckt werden (sodass Oberkör-per, Oberschen-kel und Unter-schenkel eine Li-nie bilden)

4.4.3   Schluss(2)

Tab.11: Cool-down und Verabschiedung (eigene Darstellung)

Cool-down (8 Minuten)				
Ziel der Übung	Übungsbezeich-nung/Name der Übung	Übungsbeschrei-bung	Belastungsgefü-ge	Bemerkungen/Hi nweise
Dehnen der seitli-chen Nacken-muskulatur	Nackenmuskula-tur dehnen	Hüftbreiter Stand, Knie leicht ge-beugt, Kopf zu ei-ner Seite neigen	2x30 Sekunden (jede Seite ein-mal), statisch, ak-tiv dehnen	Variation: zusätz-lich Schulter der Gegenseite nach unten ziehen
Dehnen der Rückenmuskula-tur, Wirbelsäule mobilisieren	Katzenrücken	Vierfüßlerstand auf der Gymnastikmatte, Bauchnabel nach innen ziehen und Rücken rund ma-chen, zurückkeh-ren und Rücken etwas durchhän-gen lassen	2x30 Sekunden, dynamisch	Kopf als Verlän-gerung der Hals-wirbelsäule
Dehnung der Hüftbeugemus-kulatur	Hüftbeuger deh-nen	Auf Gymnastik-matte knien, ein Bein vor dem	2x30 Sekunden (jede Seite ein-mal), statisch,	Arme können auf vorderes Bein ge-stützt werden,

Ziel der Übung	Übungsbezeichnung/Name der Übung	Übungsbeschreibung	Belastungsgefüge	Bemerkungen/Hinweise
		Körper aufstellen, Becken nach vorne schieben	passiv dehnen	Kopf als Verlängerung der Halswirbelsäule
Dehnung der seitlichen Rumpfmuskulatur, Mobilisation der Brustwirbelsäule, Entspannen, Körpertemperatur und Puls senken	Dehnen der seitlichen Rumpfmuskulatur	Auf der Gymnastikmatte auf den Rücken legen, Arme seitlich vom Körper strecken, Beine abgewinkelt aufstellen, Beine auf einer Seite ablegen	4x30 Sekunden (jede Seite zweimal), statisch, passiv dehnen	Schulterblatt hat stets Kontakt zur Gymnastikmatte
Dehnung der Oberschenkelmuskulatur	Oberschenkelrückseite dehnen	Rückenlage auf der Gymnastikmatte, Beine abgewinkelt aufstellen, ein Bein mit beiden Händen an der Unterseite fassen, dieses Bein ausstrecken und zum Oberkörper ziehen	4x30 Sekunden (jede Seite zweimal), statisch, passiv dehnen	Variation: Handtuch etwas zusammenrollen, mit beiden Händen greifen und auf den Fuß des gestreckten Beines legen, mit den Händen an den Handtuchenden ziehen
Ganzen Körper strecken, Abschluss der Stunde und Übergang zur Verabschiedung	Körper strecken	Arme nach oben strecken und lang machen, immer wieder mit den Armen nach oben greifen, Oberkörper leicht mitbeugen	30 Sekunden, dynamisch	Letzte Übung im Stand, um sicherzustellen, dass alle einen stabilen Kreislauf haben

Verabschiedung (1 Minute)
Ziel: Kursteilnehmer loben, da sie alle sehr gut mitgemacht haben; mitteilen, dass im Anschluss gerne noch Möglichkeit für Anregungen oder spezielle Rückfragen besteht; darauf hinweisen, dass sich diejenigen, die den Einsteigerkurs schon gut kennen, gerne auch mal beim Kurs für Fortgeschrittene probieren können; offizielle Verabschiedung

17/19

5 Literaturverzeichnis

Reiß, M. & Eifler, C. (2015). *Studienbrief Gruppentraining 1*. Unveröffentlichte Studienmaterialien. Saarbrücken: Deutsche Hochschule für Prävention und Gesundheitsmanagement.

Albrecht, K. (1999). *Stretching: das Expertenhandbuch*. Heidelberg. Karl. F. Haug

Bös, K. & Mechling, H. (1983). *Dimensionen sportmotorischer Leistung*. Schorndorf: Hofmann.

Buskies, W. & Demski, N. (2003). *Rückenfitness. Grundlagen, Übungen, Spiele*. Wiebelsheim: Limpert.

Martin, D., Carl, K. & Lehnertz, K. (1993). *Handbuch Trainingslehre*. Schorndorf: Hofmann.

6 Tabellenverzeichnis

6.1 Tabellenverzeichnis

BEI GRIN MACHT SICH IHR WISSEN BEZAHLT

- - Wir veröffentlichen Ihre Hausarbeit,
  Bachelor- und Masterarbeit

- - Ihr eigenes eBook und Buch -
  weltweit in allen wichtigen Shops

- - Verdienen Sie an jedem Verkauf

**Jetzt bei www.GRIN.com hochladen
und kostenlos publizieren**